AF577627

# 7 Wochen mit Dietrich Bonhoeffer

## Der Fastenzeitbegleiter

Zusammengestellt und herausgegeben
von Beate Vogt

camino.

# EINLADUNG

Sein Gedicht »Von guten Mächten« hat unzählige Menschen berührt. Er schrieb es unter dem Eindruck des nahenden Todes. »Das ist das Ende – für mich der Beginn des Lebens.« Als Dietrich Bonhoeffer am 9. April 1945 von den Schergen des Nazi-Terrors zum Galgen geführt wurde, waren das seine letzten Worte. Bonhoeffer starb getragen von einem tiefen Glauben. Ein Ausnahmemensch, fern von uns?

Jedenfalls nicht einfach ein »Kirchenmann«. Dietrich Bonhoeffer ging eigene Wege, auch im politischen Widerstand. Er wollte sich von den Anforderungen eines Lebens in der Moderne niemals zurückziehen in ein frommes Idyll. »Vor und mit Gott leben wir ohne Gott« – so fasst er sein Lebensgefühl und seinen Glauben im Gefängnis zusammen.

Sieben Wochen mit täglichen Impulsen aus den Schriften Dietrich Bonhoeffers sind eine Einladung und eine Herausforderung, dass wir uns der Wirklichkeit unseres Lebens stellen und nach tragfähigen Antworten fragen, was im Wirbel und Wechsel der Zeiten trägt und hält. Das Ziel ist Ostern: Auferstehung.

ALLES, WAS GESCHIEHT,
IST NUR EIN VORLETZTES.

# VORLETZTE DINGE

Unbarmherzig schreitet die Zeit über den Augenblick hinweg, den Augenblick der Wonne, der Freude, der Seligkeit, der Lust. ... Die Lust in der Welt vergeht, weil die Welt vergeht. ... Was ist alle Kultur, alle Schönheit, alle Kraft der Menschen vor der ewigen Schöne und der unendlichen Kraft Gottes? Ein Staub, ein Tropfen im Meer, ein Blatt vom Winde verweht, ein Nichts. ... Die Erde vergeht und die Welt vergeht; über sie alle herrscht die Zeit ... Alles, was in ihr geschieht, ist nur ein Vorletztes gegenüber dem Letzten ...

# DURCH ERFAHRUNG MISSTRAUISCH?

# KLARHEIT

Wir sind stumme Zeugen böser Taten gewesen, wir sind mit vielen Wassern gewaschen, wir haben die Kunst der Verstellung und der mehrdeutigen Rede gelernt, wir sind durch Erfahrung misstrauisch gegen die Menschen geworden und mussten ihnen die Wahrheit und das freie Wort oft schuldig bleiben, wir sind durch unerträgliche Konflikte mürbe oder vielleicht sogar zynisch geworden – sind wir noch brauchbar?

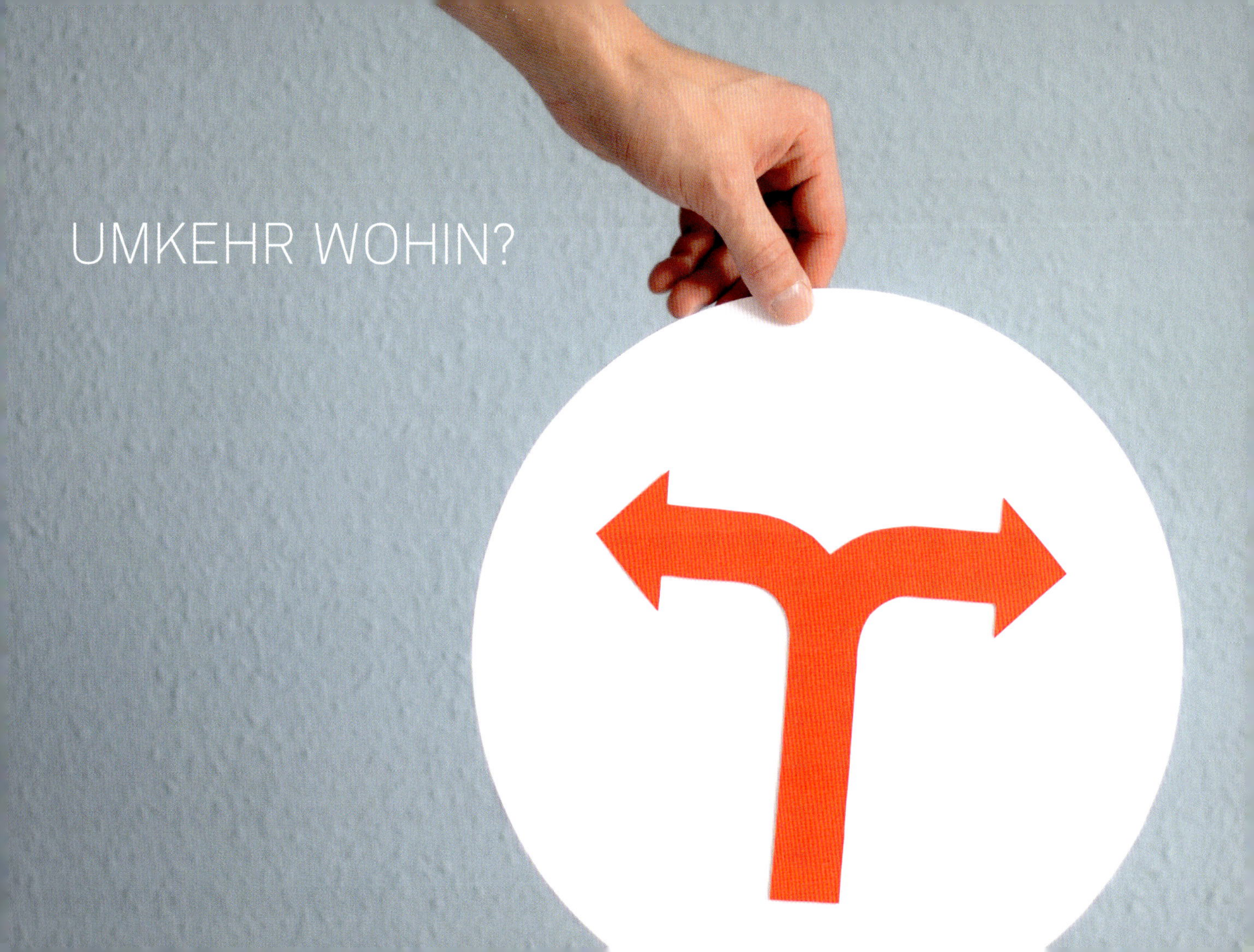
UMKEHR WOHIN?

# UMKEHR

Was ist beim letzten Ende das »Gut und Böse«, nach dem Christus fragt? Das Gute ist ja nichts anderes, als dass wir nach seiner Gnade fragen und sie ergreifen, das Böse ist nichts als die Angst und das Selbst-vor-Gott-stehen-wollen, Selbstgerecht-sein-wollen. Buße tun – das heißt ja eben nichts anderes als in dieser Wendung, in dieser Umkehr mitten drin stehen vom eigenen Werk zu Gottes Barmherzigkeit; Umkehr, Umkehr! ruft und jubelt uns die ganze Bibel zu – Umkehr wohin? Zur ewigen Gnade Gottes, der uns nicht lässt, dem das Herz über uns bricht, weil er uns, seine Geschöpfe über alle Maßen liebt.

AUF EINE
BESSERE
ZUKUNFT
HOFFEN

# VORHER NICHT!

Es gibt Menschen, die es für unernst, Christen, die es für unfromm halten, auf eine bessere irdische Zukunft zu hoffen und sich auf sie vorzubereiten. Sie glauben an das Chaos, die Unordnung, die Katastrophe als den Sinn des gegenwärtigen Geschehens und entziehen sich in Resignation oder frommer Weltflucht der Verantwortung für das Weiterleben für den neuen Aufbau, für die kommenden Geschlechter. Mag sein, dass der Jüngste Tag morgen anbricht, dann wollen wir gern die Arbeit für eine bessere Zukunft aus der Hand legen, vorher aber nicht.

# BETEN LERNEN

»Herr, lehre uns beten!« (Lukas 11,1) So sprachen die Jünger zu Jesus. ... Beten-lernen, das klingt uns widerspruchsvoll. Entweder ist das Herz so übervoll, dass es von selbst zu beten anfängt, sagen wir, oder es wird nie beten lernen. Das ist aber ein gefährlicher Irrtum ..., als könne das Herz von Natur aus beten. Wir verwechseln dann Wünschen, Hoffen, Seufzen, Klagen, Jubeln – das alles kann das Herz ja von sich aus – mit Beten. Damit aber verwechseln wir Erde und Himmel, Mensch und Gott. Beten heißt ja nicht einfach das Herz ausschütten, sondern es heißt, mit seinem erfüllten oder auch leeren Herzen den Weg zu Gott finden und mit ihm reden. Das kann kein Mensch von sich aus, dazu braucht er Jesus Christus.

WER GOTT SUCHT,
WIRD FREUDE EMPFANGEN.

# VERHEISSUNG

Kann es denn nicht sein, dass Gott uns selbst die Stunden der Leere und Dürre schickt, damit wir wieder alles von seinem Wort erwarten? »Suche Gott, nicht Freude« – das ist die Grundregel aller Meditation. Suchst du Gott allein, so wirst du Freude empfangen, – das ist die Verheißung aller Meditation.

VERSUCHUNG: GOTT IST FERN.

# WÜSTE

Das Evangelium berichtet, dass Jesus vom Geist in die Wüste geführt wird, auf dass er vom Teufel versucht würde (Matthäus 4,1). Also nicht damit beginnt die Versuchung, dass der Vater den Sohn ausrüstet mit allen Kräften und Waffen, damit er den Kampf bestehe, sondern: der Geist führt Jesus in die Wüste, in die Einsamkeit, in die Verlassenheit. ... Die Stunde der Versuchung soll Jesus schwach, einsam und hungrig finden. Gott lässt den Menschen in der Versuchung allein. ... Was allem menschlich-ethisch-religiösen Denken unbegreiflich bleiben muss: Gott erzeigt sich in der Versuchung nicht als der Gnädige und Nahe, der uns mit allen Gaben des Geistes ausrüstet, sondern er verlässt uns, er ist uns ganz ferne, wir sind in der Wüste.

GOTTES WORT
RETTET UND
HÄLT.

# PLÖTZLICH FINSTERNIS

Plötzlich ist der Zweifel ins Herz gesät, plötzlich ist alles so ungewiss, so sinnlos, was ich tue, plötzlich werden längst vergangene Sünden in mir lebendig, als seien sie heute geschehen und quälen mich und verklagen mich, plötzlich ist mein ganzes Herz erfüllt von tiefer Traurigkeit über mich selbst, über die Welt, über die Ohnmacht Gottes an mir ... Auch Jesus ist in der Versuchung aller seiner eigenen Kräfte beraubt, er ist alleingelassen von Gott und Menschen ..., er ist in das vollkommene Dunkel hineingehalten. Es bleibt ihm nichts als das rettende, haltende, tragende Wort Gottes, das ihn festhält und das für ihn streitet und siegt.

ZUR
FREIHEIT
FLIEHEN

# GEGEN GOTT ZU GOTT

Sollten wir nicht vielmehr allein darum beten, dass uns in der Stunde der Versuchung, die ja kommen muss, Kraft zur Überwindung geschenkt werde? Dieser Gedanke will mehr von der Versuchung wissen als Christus und will frömmer sein als der, der die schwerste Versuchung erfuhr. ... Wenn schon Versuchung kommen muss – kraft eines uns unbegreiflichen göttlichen Muss –, dann ruft uns eben Christus, der Versuchteste von allen auf, gegen dieses göttliche Muss anzubeten, nicht resigniert-stoisch sich der Versuchung auszuliefern, sondern von jenem dunklen Muss, in dem Gott dem Teufel willfährig ist, zu jener offenbaren göttlichen Freiheit zu fliehen und zu rufen, in der Gott den Teufel unter die Füße tritt. Führe uns nicht in Versuchung! (Matthäus 6,13).

DAS EINZIG
FRUCHTBARE
VERHÄLTNIS ZU
DEN MENSCHEN
IST LIEBE.

# GEMEINSCHAFT

Wie oft erwarten wir von anderen mehr, als wir selbst zu leisten willig sind. Warum haben wir bisher vom Menschen, seiner Versuchlichkeit und Schwäche so unnüchtern gedacht? Wir müssen lernen, die Menschen weniger auf das, was sie tun und unterlassen, als auf das, was sie erleiden, anzusehen. Das einzig fruchtbare Verhältnis zu den Menschen – gerade zu den Schwachen – ist Liebe, das heißt der Wille, mit ihnen Gemeinschaft zu halten. Gott selbst hat die Menschen nicht verachtet, sondern ist Mensch geworden um der Menschen willen.

KEIN
GEBOT GOTTES
IST VERGEBLICH GEGEBEN.

# JEDER AUGENBLICK

Auch mit meinen frömmsten Entscheidungen und Wegen kann ich zuschanden werden, niemals aber mit Gottes Gebot. Nicht meine Frömmigkeit, sondern Gott allein bewahrt mich vor Beschämung und Schande. ... So bunt ist unser Leben, so mannigfach die Versuchungen und Gefahren, so neu jeder Augenblick, dass kein Gebot Gottes vergeblich gegeben ist, sondern dass nur der ganze Reichtum der Gebote Gottes mich sicher durch mein Leben führen kann.

# IN DER MITTE DES LEBENS

In dem, was wir erkennen, sollen wir Gott finden, nicht aber in dem, was wir nicht erkennen; nicht in den ungelösten, sondern in den gelösten Fragen will Gott von uns begriffen sein. ... Gott ist kein Lückenbüßer; nicht erst an den Grenzen unserer Möglichkeiten, sondern mitten im Leben muss Gott erkannt werden; im Leben und nicht erst im Sterben, in Gesundheit und Kraft und nicht erst im Leiden, im Handeln und nicht erst in der Sünde will Gott erkannt werden. Der Grund dafür liegt in der Offenbarung Gottes in Jesus Christus. Er ist die Mitte des Lebens. Von der Mitte des Lebens aus fallen gewisse Fragen überhaupt aus und ebenso die Antworten auf solche Fragen.

DAS MORGE
IN GOTTES HAND LEGE

# SORGENFREI

Die Güter spiegeln dem menschlichen Herzen vor, ihm Sicherheit und Sorglosigkeit zu geben; aber in Wahrheit verursachen sie gerade erst die Sorge. ... Wir wollen unser Leben durch die Güter sichern, wir wollen durch Sorge sorglos werden; aber in Wahrheit erweist sich das Gegenteil. Die Fesseln, die uns an die Güter binden, die die Güter festhalten, sind selbst – Sorgen. Der Missbrauch der Güter besteht darin, dass wir sie zur Sicherung für den nächsten Tag gebrauchen. ... Wer das Morgen ganz in die Hand Gottes legt und heute ganz empfängt, was er zum Leben braucht, der allein ist wahrhaft gesichert.

NICHT: ALLES
ODER NICHTS!

# MASSVOLL

Alles erraffen oder Alles wegwerfen, das ist die Haltung dessen, der fanatisch an den Tod glaubt. Wo aber erkannt wird, dass die Macht des Todes gebrochen ist, wo das Wunder der Auferstehung und des neuen Lebens mitten in die Todeswelt hineinleuchtet, dort verlangt man vom Leben keine Ewigkeiten, dort nimmt man vom Leben, was es gibt, nicht alles oder nichts, sondern Gutes und Böses, Wichtiges und Unwichtiges, Freude und Schmerz, dort hält man das Leben nicht krampfhaft fest, aber man wirft es auch nicht leichtsinnig fort, dort begnügt man sich mit der bemessenen Zeit und spricht nicht irdischen Dingen Ewigkeit zu, dort lässt man dem Tod das begrenzte Recht, was er noch hat.

MIT GOTT
SCHRITT HALTEN

# GENIESSEN

Wenn es Gott gefällt, uns ein überwältigendes irdisches Glück genießen zu lassen, dann soll man nicht frömmer sein als Gott und dieses Glück durch übermütige Gedanken und Herausforderungen und durch eine wildgewordene religiöse Phantasie, die an dem, was Gott gibt, nie genug haben kann, dieses Glück wurmstichig werden lassen. Gott wird es dem, der ihn in seinem irdischen Glück findet und ihm dankt, schon nicht an Stunden fehlen lassen, in denen er daran erinnert wird, dass alles Irdische nur etwas Vorläufiges ist. ... Aber dies alles hat seine Zeit und die Hauptsache ist, dass man mit Gott Schritt hält und ihm nicht immer schon einige Schritte vorauseilt, allerdings auch keinen Schritt hinter ihm zurückbleibt.

WO GOTT IST,
DA IST DAS NEUE.

# LOSLASSEN

Einen neuen Anfang macht allein Gott mit dem Menschen, wenn es ihm gefällt, aber nicht der Mensch mit Gott. Einen neuen Anfang kann der Mensch darum überhaupt nicht machen, sondern er kann nur darum beten. Wo der Mensch bei sich selbst ist und aus sich heraus lebt, da ist immer nur das Alte, das Vergangene. Allein wo Gott ist, ist das Neue und der Anfang und Gott kann man nicht kommandieren, man kann um ihn nur beten. Aber beten kann der Mensch nur, wenn er begreift, dass er etwas nicht kann, dass er an seiner Grenze ist, dass ein anderer anfangen muss.

# GOTT FINDEN IM JEWEILS ERREICHBAREN NÄCHSTEN

# DASEIN FÜR ANDERE

Unser Verhältnis zu Gott ist kein »religiöses« zu einem denkbar höchsten, mächtigsten, besten Wesen – dies ist keine echte Transzendenz –, sondern unser Verhältnis zu Gott ist ein neues Leben im »Dasein-für-andere«, in der Teilnahme am Sein Jesu. Nicht die unendlichen, unerreichbaren Aufgaben, sondern der jeweils gegebene erreichbare Nächste ist das Transzendente. Gott in Menschengestalt! Nicht wie bei orientalischen Religionen in Tiergestalten als das Ungeheure, Chaotische, Ferne, Schauerliche; aber auch nicht in den Begriffsgestalten des Absoluten, Metaphysischen, Unendlichen ... auch nicht die griechische Gott-Menschgestalt des »Menschen an sich«, sondern »der Mensch für andere«! Darum der Gekreuzigte.

# DAS KREUZ: IM WISSEN UM DIE AUFERSTEHUNG

# GIPFELERFAHRUNG

Bevor Jesus seine Jünger mit sich ins Leiden führt, in die Demütigung und Schande, in Verachtung, nimmt er sie zu sich und zeigt sich ihnen als der Herr der Herrlichkeit Gottes. Bevor die Jünger mit Jesus hinab müssen in den Abgrund menschlicher Schuld, Bosheit und Hasses, führt Jesus sie hinauf auf einen hohen Berg, von dem ihnen Hilfe kommen soll. ... Es ist eine große Gnade, dass dieselben Jünger, die in Gethsemane das Leiden Jesu miterleben sollen, ihn sehen können als den verklärten Sohn Gottes, als den ewigen Gott. So gehen die Jünger im Wissen um die Auferstehung zum Kreuz. Sie sind darin *uns* ganz gleich. In diesem Wissen sollen wir das Kreuz ertragen können.

# GERICHT UND GNADE

Wir stehen vor Karfreitag und Ostern, den Tagen der übermächtigen Taten Gottes in der Geschichte, der Taten in denen Gericht und Gnade Gottes aller Welt sichtbar wurden: Gericht in jenen Stunden, in denen Jesus Christus der Herr am Kreuze hing, Gnade in jener Stunde, als der Tod verschlungen wurde in den Sieg. Nicht die Menschen haben hier etwas getan, nur Gott allein hat's getan. Er ist den Weg zu den Menschen gegangen in unendlicher Liebe. Er hat gerichtet, was menschlich ist, und er hat Gnade geschenkt jenseits von Verdienst.

DU
KENNST
MICH!

# WER BIN ICH?

Wer bin ich? Der oder jener?
Bin ich denn heute dieser und morgen ein andrer?
Bin ich beides zugleich? Vor Menschen ein Heuchler
und vor mir selbst ein verächtlich wehleidiger Schwächling?
Oder gleicht, was in mir noch ist, dem geschlagenen Heer,
das in Unordnung weicht vor schon gewonnenem Sieg?

Wer bin ich? Einsames Fragen treibt mit mir Spott.
Wer ich auch bin, Du kennst mich, Dein bin ich, o Gott!

ZEIT FÜR FRÜCHTE

# SEHNSUCHT

Ziele und Aufgaben haben heute fast alle Menschen, alles ist ungeheuer versachlicht, verdinglicht, aber wer leistet sich heute noch ein starkes persönliches Gefühl, eine wirkliche Sehnsucht, wer macht sich die Mühe und wer verschwendet seine Kraft darauf, eine Sehnsucht in sich auszutragen, zu verarbeiten und ihre Früchte tragen zu lassen?

SELBST ENTSCHEIDEN
FÜR DIE FOLGEN EINSTEHE

# VERANTWORTUNG

Geschichte entsteht durch das Wahrnehmen der Verantwortlichkeit für andere Menschen beziehungsweise für ganze Gemeinschaften und Gemeinschaftsgruppen. Der Einzelne handelt nicht für sich allein, sondern er vereinigt in seinem Ich das Ich mehrerer Menschen, gegebenenfalls sogar einer sehr großen Zahl. ... In konkreter Verantwortung handeln heißt in *Freiheit* handeln, ohne Rückendeckung durch Menschen oder Prinzipien *selbst* entscheiden, handeln und für die Folgen des Handelns einstehen.

# IM LEIDEN FREI BLEIBEN

# TUN UND LEIDEN

Nicht nur die Tat, sondern auch das Leiden ist ein Weg zur Freiheit. Die Befreiung liegt im Leiden darin, dass man seine Sache ganz aus den eigenen Händen geben und in die Hände Gottes legen darf. In diesem Sinne ist der Tod die Krönung der menschlichen Freiheit. Ob die menschliche Tat eine Sache des Glaubens ist oder nicht, entscheidet sich darin, ob der Mensch sein Leiden als eine Fortsetzung seiner Tat, als eine Vollendung der Freiheit versteht oder nicht. Das finde ich sehr wichtig und sehr tröstlich.

CHRISTUS LITT
IN SCHANDEN.

# NICHT ALLEIN

Es ist unendlich viel leichter, im Gehorsam gegen einen menschlichen Befehl zu leiden als in der Freiheit eigenster verantwortlicher Tat. Es ist unendlich viel leichter, in Gemeinschaft zu leiden als in Einsamkeit. Es ist unendlich viel leichter, öffentlich und unter Ehren zu leiden als abseits und in Schanden. Es ist unendlich viel leichter, durch den Einsatz des leiblichen Lebens zu leiden als durch den Geist. Christus litt in Freiheit, in Einsamkeit, abseits und in Schanden, an Leib und Geist, und seither viele Christen mit ihm.

# VERANTWORTLICH HANDELN – SCHULD AUF SICH NEHMEN

# STELLVERTRETUNG

Als im geschichtlichen Dasein des Menschen verantwortlich Handelnder wird Jesus schuldig. Es ist allein seine Liebe, die ihn schuldig werden lässt. Aus seiner selbstlosen Liebe, aus seiner Sündlosigkeit heraus tritt Jesus in die Schuld der Menschen ein, nimmt sie auf sich. ... In diesem sündlos-schuldigen Jesus Christus hat nun jedes stellvertretend verantwortliche Handeln seinen Ursprung.

# KEINE ANGST

Die Bibel will uns nie Angst machen. Gott will nicht, dass der Mensch sich fürchtet. Auch nicht vor dem letzten Gericht. Sondern er lässt den Menschen das alles wissen, damit er erkenne, was es um das Leben und um seinen Sinn ist. Er lässt es die Menschen heute schon wissen, damit sie heute schon in der Offenheit und im Licht des letzten Gerichtes ihr Leben führen. ... Gott will den Menschen nicht erschrecken, er schickt uns das Wort vom Gericht nur, damit wir umso leidenschaftlicher, umso gieriger nach der Verheißung der Gnade Gottes greifen, damit wir erkennen, dass wir vor Gott nicht bestehen können aus unserer Kraft, dass wir vor ihm vergehen müssten, aber dass er trotz allem nicht unseren Tod, sondern unser Leben will.

DER WIRKLICHE
MENSCH DARF LEBEN.

# REALITÄTSSINN

Den wirklichen Menschen kennen und ihn nicht verachten, das ist allein durch die Menschwerdung Gottes möglich. Der wirkliche Mensch darf vor Gott leben und wir dürfen den wirklichen Menschen neben uns vor Gott leben lassen, ohne ihn zu verachten oder zu vergöttern. Nicht als wäre der wirkliche Mensch ein Wert für sich, sondern allein darum, weil Gott den wirklichen Menschen geliebt und angenommen hat. Der Grund der Liebe Gottes zum Menschen liegt nicht im Menschen, sondern allein in Gott selbst. Der Grund, aus dem wir als wirkliche Menschen leben dürfen und den wirklichen Menschen neben uns lieben dürfen, liegt wiederum allein in der Menschwerdung Gottes, in der unergründlichen Liebe Gottes zum Menschen.

DER EINE TRAGE
DES ANDERN
LAST.

# FREIHEIT DES ANDEREN

Gott hat den andern nicht gemacht, wie ich ihn gemacht hätte. Er hat ihn mir nicht zum Bruder gegeben, damit ich ihn beherrsche, sondern damit ich über ihm den Schöpfer finde. ... Zur Freiheit des andern gehört all das, was wir unter Wesen, Eigenart, Veranlagung verstehen, gehören auch die Schwächen und Wunderlichkeiten, die unsere Geduld so hart beanspruchen, gehört alles, was die Fülle der Reibungen, Gegensätze und Zusammenstöße zwischen mir und dem andern hervorbringt. Die Last des Andern tragen heißt ... die geschöpfliche Wirklichkeit des andern ertragen, sie bejahen und in ihrem Erleiden zur Freude an ihr durchdringen.

# VERGEBEN

Wir machen es uns ja so leicht mit den anderen Menschen. Wir ... meinen, wenn wir gegen jemand keine bösen Gedanken hegen, dann sei das eben dasselbe als hätten wir ihm vergeben – und wir übersehen dabei ganz, dass wir keine guten Gedanken über ihn haben – und vergeben, das könnte doch heißen, lauter gute Gedanken über ihn haben, ihn tragen, wo wir nur können. Und das gerade umgehen wir, – wir tragen den andern Menschen nicht, sondern wir gehen neben ihm her und gewöhnen uns an sein Schweigen, ja nehmen ihn gar nicht ernst – *aber aufs Tragen gerade kommt es an* – den andern in allen Stücken tragen, in allen seinen schwierigen und unangenehmen Seiten ... – schweigen, tragen und lieben ohne aufhören, – das käme dem Vergeben nahe.

WORIN BESTEHT
CHRISTSEIN?
IM TRAGEN.

# GEMEINSAME LAST

Gott ist ein Gott des Tragens. Der Sohn Gottes trug unser Fleisch, er trug darum das Kreuz, er trug alle unsere Sünden und schuf durch sein Tragen Versöhnung. ... Wie Christus im Tragen die Gemeinschaft des Vaters bewahrt, so ist das Tragen des Nachfolgenden Gemeinschaft mit Christus. Der Mensch kann die ihm auferlegte Last auch abschütteln. Aber er wird damit nicht von der Last überhaupt frei, sondern er trägt nun eine viel schwerere, unerträglichere Last. Er trägt das selbstgewählte Joch seiner selbst. Jesus hat alle, die mit mancherlei Leiden und Lasten beladen sind, gerufen, ihr Joch abzuwerfen und sein Joch auf sich zu nehmen. ... Sein Joch und seine Last ist das Kreuz. Unter diesem Kreuz zu gehen ist nicht Elend und Verzweiflung, sondern Erquickung und Ruhe für die Seelen, ist höchste Freude.

# MEHR ALS HEILUNG: HEIL

# BARMHERZIGKEIT

Wenn Christus sich den Arzt der Kranken nennt, dann fällt auf jeden Kranken, wie elend er auch sei, der Glanz der göttlichen Barmherzigkeit. Der Kranke gehört Gott, an ihm will Gott sein Heil verwirklichen. So begegnen wir in dem kranken Bruder der Barmherzigkeit Gottes selbst, der in Jesus Christus der Arzt des Kranken ist. Der Kranke will Heilung. Christus schenkt ihm mehr: sein Heil.

PROGRAMME
HELFEN NICHT,
SONDERN
VERSÖHNUNG.

# ECCE HOMO

Nicht durch Zertrümmerung, sondern durch Versöhnung wird die Welt überwunden. Nicht Ideale, Programme, nicht Gewissen, Pflicht, Verantwortung, Tugend, sondern ganz allein die vollkommene Liebe Gottes vermag der Wirklichkeit zu begegnen und sie zu überwinden. Es ist nicht eine allgemeine Liebesidee, sondern die wirklich gelebte Liebe Gottes in Jesus Christus, die das vollbringt. Diese Liebe Gottes zur Welt zieht sich nicht aus der Wirklichkeit zurück in weltentrückte edle Seelen, sondern sie erfährt und erleidet die Wirklichkeit der Welt aufs Härteste. Am Leibe Jesu Christi tobt sich die Welt aus. Der Gemarterte aber vergibt der Welt ihre Sünde. So geschieht die Versöhnung. Ecce homo.

# JUDAS

Judas, der Zwölfe einer, von Jesus erwählt, von Jesus in seine Gemeinschaft gezogen, geliebt – heißt dies, dass Jesus auch seinem Verräter seine ganze Liebe zeigen und erweisen will? Heißt es, dass er auch wissen soll, dass es an Jesus im Grunde gar nichts zu verraten gibt? Heißt es auch dies, dass Jesus in tiefster Liebe den Willen Gottes liebt, der sich in seinem Leidensweg vollzieht, dass er auch den liebt, durch dessen Verrat der Weg frei wird, ja, der nun Jesu Geschick für einen Augenblick in seiner Hand trägt? Heißt es, dass er ihn liebt als den Vollstrecker des göttlichen Willens und doch weiß: Wehe dem, durch welchen es geschieht? Es ist ein großes, unerforschliches Geheimnis – Judas, der Zwölfe einer.

NICHT EINE IDEE,
SONDERN
DIE LIEBE ZUM
WIRKLICHEN
MENSCHEN

# SOLIDARITÄT

Weil es Jesus nicht um die Aufstellung und Verwirklichung neuer ethischer Ideale, also nicht um irgendein eigenes Gutsein, sondern ganz allein um Gottes Liebe zu den Menschen geht, darum kann er in die Schuld der Menschen eintreten, *sich mit ihrer Schuld belasten lassen.* Er will nicht auf Kosten der Menschen als der einzige Vollkommene gelten, will nicht als der einzig Schuldlose auf die unter ihrer Schuld zugrundegehende Menschheit herabsehen, will nicht über den Trümmern einer gescheiterten Menschheit irgendeine Menschenidee triumphieren lassen. Die Liebe zum wirklichen Menschen führt in die Gemeinschaft der menschlichen Schuld.

WAS ZÄHLT,
IST DIE WEITE
DES HERZENS.

# MITLEID

Man muss damit rechnen, dass die meisten Menschen nur durch Erfahrungen am eigenen Leibe klug werden. So erklärt sich *erstens* die erstaunliche Unfähigkeit der meisten Menschen zu präventivem Handeln jeder Art – man glaubt eben selbst immer noch, um die Gefahr herumzukommen, bis es schließlich zu spät ist; *zweitens* die Stumpfheit gegenüber fremdem Leiden; proportional mit der wachsenden Angst vor der bedrohlichen Nähe des Unheils entsteht das Mitleid. Es lässt sich manches zur Rechtfertigung dieser Haltung sagen. ... Christlich gesehen, können freilich alle diese Rechtfertigungen nicht darüber hinwegtäuschen, dass es hier entscheidend an der Weite des Herzens mangelt.

CHRISTUS STARB FÜR DIE TOTSCHLÄGER.

# UNTER FREUNDEN?

Nicht nur gegen die Ehrbaren ehrbar sein, sondern gerade auch gegen die Unehrbaren, nicht nur gegen die Friedfertigen friedfertig sein, sondern gerade gegen die, die uns nicht in Frieden leben lassen wollen. ... Jesus Christus starb nicht für die Ehrbaren und für die Friedfertigen, sondern gerade für die Sünder und Feinde, für die Unehrbaren, die Hasser, die Totschläger. Unser Herz steht immer darauf, nur unter den Freunden, unter den Gerechten und Ehrbaren zu bleiben. Aber Jesus Christus war mitten unter seinen Feinden. Gerade dort wollte er sein. Dort sollten wir auch sein ... wie er war; mitten unter seinen Feinden starb er den Tod der Liebe Gottes und betete: Vater vergib ihnen, denn sie wissen nicht, was sie tun.

DAS WIRKLICHE
TAPFER
ERGREIFEN

# DAS RECHTE TUN

Nicht das Beliebige, sondern das Rechte tun und wagen,
nicht im Möglichen schweben, sondern das Wirkliche tapfer ergreifen,
nicht in der Flucht der Gedanken, allein in der Tat ist die Freiheit.
Tritt aus ängstlichem Zögern heraus in den Sturm des Geschehens
nur von Gottes Gebot und deinem Glauben getragen,
und die Freiheit wird deinen Geist jauchzend umfangen.

# GOTT SPRICHT DIE WELT FRE

# VERSÖHNT

In unbegreiflicher Umkehrung alles gerechten und frommen Denkens erklärt Gott sich selbst für schuldig an der Welt und löscht damit die Schuld der Welt aus; tritt Gott selbst den demütigenden Versöhnungsgang an und spricht damit die Welt frei; will Gott schuld sein an unserer Schuld, nimmt er Strafe und Leiden, die die Schuld über uns gebracht hat, auf sich. Gott steht ein für die Gottlosigkeit, die Liebe für den Hass, der Heilige für den Sünder. Nun gibt es keine Gottlosigkeit, keinen Hass, keine Sünde mehr, die Gott nicht auf sich selbst genommen, erlitten und abgebüßt hätte. Nun gibt es keine Wirklichkeit, keine Welt mehr, die nicht mit Gott versöhnt und in Frieden wäre. Das tat Gott in seinem lieben Sohn Jesus Christus.

SICH GOTT
IN DIE ARME WERFEN

# MENSCH WERDEN

Wenn man völlig darauf verzichtet hat, aus sich selbst etwas zu machen – sei es einen Heiligen oder einen bekehrten Sünder oder einen bekehrten Kirchenmann (eine sogenannte priesterliche Gestalt!), einen Gerechten oder einen Ungerechten, einen Kranken oder einen Gesunden – und dies nenne ich Diesseitigkeit, nämlich in der Fülle der Aufgaben, Fragen, Erfolge und Misserfolge, Erfahrungen und Ratlosigkeiten leben –, dann wirft man sich Gott ganz in die Arme, dann nimmt man nicht mehr die eigenen Leiden, sondern das Leiden Gottes in der Welt ernst, dann wacht man mit Christus in Gethsemane, und ich denke, das ist Glaube, das ist μετάνοια (Umkehr); und so wird man ein Mensch, ein Christ.

# CHRISTEN UND HEIDEN

Menschen gehen zu Gott in ihrer Not,
flehen um Hilfe, bitten um Glück und Brot,
um Errettung aus Krankheit, Schuld und Tod.
So tun sie alle, alle, Christen und Heiden.

Menschen gehen zu Gott in Seiner Not,
finden ihn arm, geschmäht, ohne Obdach und Brot,
sehn ihn verschlungen von Sünde, Schwachheit und Tod.
Christen stehen bei Gott in Seinen Leiden.

Gott geht zu allen Menschen in ihrer Not,
sättigt den Leib und die Seele mit Seinem Brot,
stirbt für Christen und Heiden den Kreuzestod,
und vergibt ihnen beiden.

UNRECHT
TUN
SCHADET.

# ZORN

Da ist irgendeiner, ein Nachbar oder ein anderer, der fortgesetzt böse Dinge von mir sagt, der mich schmäht, der mir offenes Unrecht tut, der mich quält und plagt, wo er nur kann. Wenn wir ihn nur sehen, steigt in uns das Blut in den Kopf, ein furchtbar drohender Zorn erfüllt uns. Das ist der Feind, der so etwas bei uns bewirkt. Aber nun gilt es auf der Hut zu sein. ... Erhebe deine Hand nicht zum Schlag, öffne deinen Mund nicht im Zorn, sondern sei still. Was kann denn der dir schaden, der dir Böses antut? Nicht dir schadet es, aber ihm schadet es. Unrechtleiden schadet keinem Christen. Aber Unrecht tun schadet.

STOLZ UN
MIT DEN ZÄHNE
KNIRSCHE

# GELASSENHEIT

Bei Lessing las ich kürzlich: »Ich bin zu stolz, mich unglücklich zu denken – knirsche eins mit den Zähnen – und lasse den Kahn gehen, wie Wind und Wellen wollen. Genug, dass ich ihn nicht selbst umstürzen will«! Sollte dieser Stolz und dieses Zähneknirschen dem Christen ganz untersagt und fremd sein? Etwa zugunsten einer vorzeitig vorbeugenden milden Gelassenheit? Gibt es nicht auch die stolze und zähneknirschende Gelassenheit? Die doch wieder etwas ganz anderes ist als das sture, stumpfe, starre, leblose und vor allem gedankenlose Sich-einem-Unvermeidlichen-Unterwerfen.

GOTT WARTET
AUF GEBETE
UND TATEN.

# GEDULD

Ich glaube, dass Gott uns in jeder Notlage so viel Widerstandskraft geben will, wie wir brauchen. Aber er gibt sie nicht im Voraus, damit wir uns nicht auf uns selbst, sondern auf ihn verlassen. In solchem Glauben müsste alle Angst vor der Zukunft überwunden sein. Ich glaube, dass auch unsere Fehler und Irrtümer nicht vergeblich sind, und dass es Gott nicht schwerer ist, mit ihnen fertig zu werden, als mit unseren vermeintlichen Guttaten. Ich glaube, dass Gott kein zeitloses Fatum ist, sondern dass er auf aufrichtige Gebete und verantwortliche Taten wartet.

WIR WISSEN ES, DEIN LICHT
SCHEINT IN DER NACHT.

# ZITTERN

Und reichst Du uns den schweren Kelch, den bittern,
des Leids, gefüllt bis an den höchsten Rand,
so nehmen wir ihn dankbar ohne Zittern
aus Deiner guten und geliebten Hand.

Doch willst Du uns noch einmal Freude schenken
an dieser Welt und ihrer Sonne Glanz,
dann woll'n wir des Vergangenen gedenken,
und dann gehört Dir unser Leben ganz.

O GROSSE NOT, GOTT
SELBST IST TOT.

# DAS ENDE

Der Karfreitag ist nicht das Dunkel, das dem Licht unbedingt weichen muss. Es ist nicht der Winterschlaf, der die Keime des Lebens in sich verbirgt und nährt, es ist der Tag an dem der menschgewordene Gott, die persongewordene Liebe umgebracht wird von den Menschen, die zu Göttern werden wollen, an dem der Heilige Gottes, das heißt Gott selbst, stirbt, wirklich stirbt – aus eigenem Willen und doch aus Schuld der Menschen – ohne dass ein Keim Leben in ihm bliebe, sodass sein Tod einem Schlaf gliche. Der Karfreitag ist nicht wie der Winter ein Übergangsstadium – nein er ist wirklich Ende, Ende der schuldigen Menschheit und letztes Gericht, das sie sich selbst gesprochen hat.

# OSTERN: VON DER AUFERSTEHUNG HER LEBEN

# AUFERSTEHUNG

Ostern? Unser Blick fällt mehr auf das Sterben als auf den Tod. Wie wir mit dem Sterben fertig werden, ist uns wichtiger, als wie wir den Tod besiegen. Sokrates überwand das Sterben, Christus überwand den Tod. ... Mit dem Sterben fertig werden bedeutet noch nicht mit dem Tod fertig werden. Die Überwindung des Sterbens ist im Bereich menschlicher Möglichkeiten, die Überwindung des Todes heißt Auferstehung. Nicht von der »ars moriendi«, sondern von der Auferstehung Christi her kann ein neuer, reinigender Wind in die gegenwärtige Welt wehen. ... Wenn ein paar Menschen dies wirklich glaubten und sich in ihrem irdischen Handeln davon bewegen ließen, würde vieles anders werden. Von der Auferstehung her leben – das heißt doch Ostern.

Es ist das Befreiende von Karfreitag und Ostern, dass die Gedanken weit über das persönliche Geschick hinausgerissen werden zum letzten Sinn alles Lebens, Leidens und Geschehens überhaupt und dass man eine große Hoffnung fasst.

# VON GUTEN MÄCHTEN

Von guten Mächten wunderbar geborgen
erwarten wir getrost, was kommen mag.
Gott ist bei uns am Abend und am Morgen,
und ganz gewiss an jedem neuen Tag.

DIETRICH BONHOEFFER, evangelischer Theologe, Pfarrer und Widerstandskämpfer. Er wurde am 4. Februar 1906 in Breslau geboren und am 9. April 1945 im KZ Flossenbürg ermordet.

Ab 1912 lebte die Familie Bonhoeffer in Berlin; Dietrich hatte sieben Geschwister (der zweitälteste Bruder fiel 1918 im Ersten Weltkrieg), darunter eine Zwillingsschwester. Sein Vater, Karl Bonhoeffer, hielt den bedeutendsten deutschen Lehrstuhl für Psychiatrie und Neurologie an der Charité der Berliner Universität. Wie kaum eine andere deutsche Familie waren die Bonhoeffers von Anfang an entschiedene Gegner des Nazi-Regimes. Dietrich Bonhoeffer wurde nach Studien in Tübingen und Berlin zunächst Privatdozent für evangelische Theologie und Jugendreferent in der internationalen Ökumene. Bereits 1933 nahm er öffentlich Stellung gegen die Judendiskriminierung des nationalsozialistischen Staates. Damals zerfiel die evangelische Kirche in einen staatsfreundlichen Teil und in die »Bekennende Kirche«, deren Predigerseminar Dietrich Bonhoeffer ab 1935 leitete.

Wenn sich ein Staat wie ein Amokfahrer gebärdet und an die Stelle des Rechts Staatsterror setzt, so war es nach Bonhoeffer Aufgabe der Kirche, nicht nur die Opfer zu verbinden, sondern auch dem Rad in die Speichen zu fallen, das heißt: politisch Widerstand zu leisten. Als er mit dieser Einsicht auch innerhalb der »Bekennenden Kirche« keine Gefolgschaft fand, ging Bonhoeffer in den unmittelbar politischen Widerstand und wurde »Doppelspion«: Für den Staat arbeitete er in der »Spionageabwehr«, tatsächlich nutzte er seine Auslandskontakte und -reisen, um mit den Alliierten über die Zukunft Deutschlands nach dem Sturz Hitlers zu verhandeln.

Im April 1943 wegen Hochverrats verhaftet, wurde Bonhoeffer nach dem missglückten Attentat auf Hitler durch Graf von Stauffenberg am 20. Juli 1944 mit anderen Widerständlern zum »persönlichen Gefangenen« Hitlers, auf dessen Befehl er noch kurz vor Kriegsende, im April 1945, im KZ Flossenbürg hingerichtet wurde.

In seinem Denken verband Dietrich Bonhoeffer eine große Ehrlichkeit als moderner Mensch mit einem radikalen Glauben an Jesus Christus. In ihm sah er exemplarisch den »Menschen für andere«. Nur als »Kirche für andere« bleibt die Kirche nach Bonhoeffer ihrem Auftrag treu.

Sein wohl berühmtester Text, das oft vertonte Gedicht »Von guten Mächten«, ist aus der Situation der Bedrohung und Verfolgung geschrieben. An der Westwand der Londoner Westminster Abbey erinnert eine Skulptur an diesen großen Märtyrer des 20. Jahrhunderts.

# QUELLENNACHWEIS

Dietrich Bonhoeffer wird zitiert nach der vollständig durchgesehenen Sonderausgabe der Dietrich Bonhoeffer Werke (DBW): Dietrich Bonhoeffer Werke, hrsg. von Eberhard Bethge u. a., 17 Bände, Gütersloher Verlagshaus, Gütersloh 2015.
Die Texte wurden für diese Auswahl der aktuellen Rechtschreibung angeglichen.

**1. TAG:** Predigt zu 1 Johannes 2,17, Barcelona, 12. Sonntag nach Trinitatis, 26.8.1928, in: Barcelona, Berlin, Amerika 1928–1931, DBW Band 10, S. 500 f.
**2. TAG:** Rechenschaft an der Wende zum Jahr 1943: »Nach zehn Jahren«, in: Widerstand und Ergebung, DBW Band 8, S. 38.
**3: TAG:** Predigt zu 2 Korinther 5,10, London, Bußtag, 19.11.1933, in: London 1933–1935, DBW Band 13, S. 325.
**4. TAG:** Rechenschaft an der Wende zum Jahr 1943: »Nach zehn Jahren«, in: Widerstand und Ergebung, DBW Band 8, S. 36.
**1. FASTENSONNTAG:** Eine Einführung in die Psalmen, in: Das Gebetbuch der Bibel, DBW Band 5, S. 107.
**5. TAG:** Der einsame Tag, in: Gemeinsames Leben, DBW Band 5, S. 72.
**6. TAG:** Bibelarbeit über Versuchung. Zingst, 20.–25.6.1938, in: Illegale Theologenausbildung: Sammelvikariate 1937–1940, DBW Band 15, S. 378.
**7. TAG:** Bibelarbeit über Versuchung. Zingst, 20.–25.6.1938, in: Illegale Theologenausbildung: Sammelvikariate 1937–1940, DBW Band 15, S. 374; 381 f.
**8. TAG:** Bibelarbeit über Versuchung. Zingst, 20.–25.6.1938, in: Illegale Theologenausbildung: Sammelvikariate 1937–1940, DBW Band 15, S. 375.
**9. TAG:** Rechenschaft an der Wende zum Jahr 1943: »Nach zehn Jahren«, in: Widerstand und Ergebung, DBW Band 8, S. 28.
**10. TAG:** Meditation über Psalm 119, 1939/1940, hier Vers 6: *Wenn ich schaue auf alle deine Gebote, so werde ich nicht zuschanden,* in: Illegale Theologenausbildung: Sammelvikariate 1937–1940, DBW Band 15, S. 512 f.
**2. FASTENSONNTAG:** Brief an Eberhard Bethge, 29.5.1944, in: Widerstand und Ergebung, DBW Band 8, S. 454 f.
**11. TAG:** Die Einfalt des sorglosen Lebens, in: Nachfolge, DBW Band 4, S. 171.
**12. TAG:** 35: Ethik als Gestaltung, in: Ethik, DBW Band 6, S. 79 f.
**13. TAG:** Brief an Eberhard Bethge, 18.12.1943, in: Widerstand und Ergebung, DBW Band 8, S. 244 f.

**14. TAG:** Andacht zu Lukas 9,57–62, London, Neujahr, 1.1.1934, in: London 1933–1935, DBW Band 13, S. 344 f.
**15. TAG:** Entwurf für eine Arbeit, Tegel, August 1944, in: Widerstand und Ergebung, DBW Band 8, S. 558 ff.
**16. TAG:** Predigtentwurf zu Matthäus 17,1–9 (Mitschrift von Wolf-Dieter Zimmermann 1936), in: Illegale Theologenausbildung: Finkenwalde 1935–1937, DBW Band 14, S. 635 f.
**3. FASTENSONNTAG:** Predigt zu Römer 11,6, Barcelona, Oculi, 11.3.1928, in: Barcelona, Berlin, Amerika 1928–1931, DBW Band 10, S. 460.
**17. TAg:** Auszug aus dem Gedicht »Wer bin ich?«, Tegel, Sommer 1944, in: Widerstand und Ergebung, DBW Band 8, S. 514.
**18. TAG:** Brief an Eberhard Bethge, 11.4.1944, in: Widerstand und Ergebung, DBW Band 8, S. 295.
**19. TAG:** Die Geschichte und das Gute [Erste Fassung], in: Ethik, DBW Band 6, S. 219 f.
**20. TAG:** Brief an Eberhard Bethge, 28.7.1944, in: Widerstand und Ergebung, DBW Band 8. S. 549 f.
**21. TAG:** Rechenschaft an der Wende zum Jahr 1943: »Nach zehn Jahren«, in: Widerstand und Ergebung, DBW Band 8, S. 35.
**22. TAG:** Die Struktur des verantwortlichen Lebens, in: Ethik, DBW Band 6, S. 275 f
**4. FASTENSONNTAG:** Predigt zu 2 Korinther 5,10, London, Bußtag, 19.11.1933, in: London 1933–1935, DBW Band 13, S. 324.
**23. TAG:** Ethik als Gestaltung, in: Ethik, DBW Band 6, S. 74.
**24. TAG:** Der Dienst, in: Gemeinsames Leben, DBW Band 5, S. 79; 86.
**25. TAG:** Predigt zu Matthäus 18,21–35, Finkenwalde, vorletzter Sonntag des Kirchenjahres, 17.11.1935, in: Illegale Theologenausbildung: Finkenwalde 1935–1937, DBW Band 14, S. 907 f.
**26. TAG:** Die Nachfolge und das Kreuz, in: Nachfolge, DBW Band 4, S. 84.
**27. TAG:** Aufsatz: Der beste Arzt, Ettal, Januar 1941, in: Konspiration und Haft 1940–1945, DBW Band 16, S. 505.
**28. TAG:** Ethik als Gestaltung, in: Ethik, DBW Band 6, S. 69.
**5. FASTENSONNTAG:** Predigt zu Matthäus 26,45b–50, Finkenwalde, Judica, 14.3.1937, in: Illegale Theologenausbildung: Finkenwalde 1937–1939, DBW Band 14/2, S. 977.

**29. TAG:** Die Geschichte und das Gute [erste Fassung], in: Ethik, DBW Band 6, S. 232.

**30. TAG:** Rechenschaft an der Wende zum Jahr 1943: »Nach zehn Jahren«, in: Widerstand und Ergebung, DBW Band 8, S. 33.

**31. TAG:** Predigt zu Römer 12,17–21, Groß Schlönwitz, 3. Sonntag nach Epiphanias, 23.1.1938, in: Illegale Theologenausbildung: Sammelvikariate 1937–1940, DBW Band 15, S. 466 f.

**32. TAG:** Auszug aus dem Gedicht »Stationen auf dem Weg zur Freiheit«, beigelegt einem Brief an Eberhard Bethge vom 14.8.1944, in: Widerstand und Ergebung, DBW Band 8, S. 571.

**33. TAG:** Ethik als Gestaltung, in: Ethik, DBW Band 6, S. 70.

**34. TAG:** Brief an Eberhard Bethge, 21.7.1944, in: Widerstand und Ergebung, DBW Band 8, S. 542.

**PALMSONNTAG:** Gedicht: »Christen und Heiden«, beigelegt einem Brief an Eberhard Bethge vom 8.7.1944, in: Widerstand und Ergebung, DBW Band 8, S. 515 f.

**35. TAG:** Predigt zu Römer 12,17–21, Groß Schlönwitz, 3. Sonntag nach Epiphanias, 23.1.1938, in: Illegale Theologenausbildung: Sammelvikariate 1937–1940, DBW Band 15, S. 466.

**36. TAG:** Brief an Renate und Eberhard Bethge, 23. Januar 1944, in: Widerstand und Ergebung, DBW Band 8, S. 288 f.

**37. TAG:** Rechenschaft an der Wende zum Jahr 1943, Einige Glaubenssätze über das Walten Gottes in der Geschichte, in: Widerstand und Ergebung, DBW Band 8, S. 30 f.

**38. TAG:** Auszug aus dem Gedicht: »Von guten Mächten«, Berlin, Dezember 1944, in: Widerstand und Ergebung, DBW Band 8, S. 608.

**39. TAG:** Predigt zu 1 Korinther 15,17, Barcelona, 8. April 1928 (Ostersonntag), in: Barcelona, Berlin, Amerika 1928–1931, DBW Band 10, S. 463.

**40. TAG:** Brief an Eberhard Bethge, Tegel, 27. März 1944, in: Widerstand und Ergebung, DBW Band 8, S. 368.

**OSTERN:** Brief an Karl und Paula Bonhoeffer [die Eltern], 25. April 1943 (Ostersonntag), in: Widerstand und Ergebung, DBW Band 8, S. 49.
Auszug aus dem Gedicht: »Von guten Mächten«, Berlin, Dezember 1944, in: Widerstand und Ergebung, DBW Band 8, S. 608.

# BILDNACHWEIS

**EINLADUNG** © milchhonig/photocase.com
**WOCHE DES ASCHERMITTWOCHS** Mi © Eduard Panichev/shutterstock.com, Do © wernerimages/shutterstock.com, Fr © sör alex/photocase.com, Sa © Galushko Sergey/shutterstock.com
**ERSTE FASTENWOCHE** So © bmnarak/shutterstock.com, Mo © krockenmitte/shutterstock.com, Di © Artush/shutterstock.com, Mi © Eugene Sergeev/shutterstock.com, Do © pingu2004/shutterstock.com, Fr © Evgeny Karandaev/shutterstock.com, Sa © FooTToo/shutterstock.com
**ZWEITE FASTENWOCHE** So © Monkey Business Images/shutterstock.com, Mo © sspopov/shutterstock.com, Di © Maly Designer/shutterstock.com, Mi © Orla/shutterstock.com, Do © Noopharat05081977/shutterstock.com, Fr © Rustle/shutterstock.com, Sa © BergeImLicht/shutterstock.com
**DRITTE FASTENWOCHE** So © Neung Stock Enterprise/shutterstock.com, Mo ©birdys/photocase.com, Di © totophotos/shutterstock.com, Mi © Dmitriy Kurnyavko/shutterstock.com, Do © Calek/shutterstock.com, Fr © Dot.ti/photocase.com, Sa © Katepax/shutterstock.com
**VIERTE FASTENWOCHE** So © Hyena Reality/shutterstock.com, Mo © joexx/photocase.com, Di © napri/photocase.com, Mi © denhans/photocase.com, Do © Pakhnyushchy/shutterstock.com, Fr © Daria Minaeva/shutterstock.com, Sa © A. and I. Kruk/shutterstock.com
**FÜNFTE FASTENWOCHE** So © Michael Warwick/shutterstock.com, Mo © DWerner/photocase.com, Di © KieferPix/shutterstock.com, Mi © misterQM/shutterstock.com, Do © C/L/photocase.com, Fr © Dean Fikar/shutterstock.com, Sa © martinwimmer/iStock.com
**KARWOCHE** Palmsonntag © grafvision/shutterstock.com, Mo © HerrSpecht/photocase.com, Di © Anson0618/shutterstock.com, Mi © GabiPott/photocase.com, Do © David-W/photocase.com, Fr © Africa Studio/shutterstock.com, Sa © DmitrySerbin/shutterstock.com
**OSTERSONNTAG** © GoShiva/shutterstock.com

**BEATE VOGT**, im protestantischen Westfalen geboren und aufgewachsen, studierte Germanistik und Romanistik in Göttingen und Freiburg. Sie lebt seit dem Studienabschluss (M.A.) als freiberuflich tätige Redakteurin, Lektorin und Herausgeberin in Freiburg.

Ein CAMINO-Buch aus der


Gesamtgestaltung: wunderlichundweigand
Umschlagmotiv: © Sensay/iStock.com
Herstellung: Finidr s.r.o., Český Těšín
Printed in the Czech Republic

ISBN 978-3-460-50012-9